社会福祉を牽引する人物⑤

# 佐藤 光子・佐藤 恒夫 夫妻

――平凡に見える経営…そこに堅実な経営手腕が光る――

鼎談者 佐藤 光子・佐藤 恒夫・塚口 伍喜夫
編集者 野嶋 納美・丸山 絵理子

大学教育出版

# はじめに

「社会福祉を牽引する人物」の第5弾として、サンライフ魚崎の施設長佐藤光子・社会福祉法人ささゆり会副本部長の恒夫夫妻を紹介することになりました。施設長は、当NPO法人福祉サービス経営調査会理事長である笹山周作の実姉であります。そうしたことで、身内の紹介は大変ためらわれたのですが、周辺の関係者から、そこは公私混同しない方がよいのではと強く諫められ、その紹介に同意いたしました。

もとより、私、笹山周作が社会福祉法人を立ち上げ、主として高齢者への介護サービスを提供する施設を経営することにしたのですが、その施設を神戸市に設置経営することになったときに、その施設の責任者を姉に強く依頼したのは私でした。その当時姉は一介の主婦でしたが、姉の誠実さや頑張り屋であることを弟として見てきていましたので、姉なら必ず任を果たしてくれると思い依頼したのです。それが、平成12（２０００）年1月でした。

以来、20年の長きにわたり奮闘していただいたと感謝しております。施設長である佐藤光子を陰に陽に支えてくださった夫の佐藤恒夫氏の努力が一体のものとしてあります。

このシリーズのコーディネートは、いつものように当法人初代理事長であり現顧問である塚口伍喜夫氏にお願いいたしております。

関係者にご一読いただければ幸甚です。

令和3年2月吉日

NPO法人福祉サービス経営調査会
理事長　笹山　周作

社会福祉を牽引する人物⑤

# 佐藤光子・佐藤恒夫夫妻

――平凡に見える経営…そこに堅実な経営手腕が光る――

目次

# 第Ⅰ部　鼎談

## 介護福祉業界に参加する

塚口顧問（以下「塚口」と表示）：佐藤光子さんは、社会福祉法人ささゆり会の創設者である笹山周作さんの実姉であられます。ささゆり会は、平成6（1994）年9月に社会福祉法人として発足しておりますが、当初の活動拠点は姫路市でした。

ところが、創業者・笹山周作氏によると、平成10（1998）年1月に神戸市が特別養護老人ホーム（以下「特養」という）の経営者を公募していることを知り、それに応じたと言われておりますが。

塚口伍喜夫氏

佐藤光子施設長（以下「光子」と表示）：神戸市の特養設置は、西区と北区に多くありました。当時、東灘区と須磨区（須磨離宮近く）で特養開設を公募していました。その一つ、東灘区での設置にささゆり会が応募しました。その結果、平成10（1998）年2月に、神戸市より特養用地貸付内定通知をいただきました。それが、サンライフ魚崎の出発点です。その翌年、平成11（1999）年2月に、神戸市と魚崎での特養建設に関する委託契約を締結しました。

平成12（2000）年1月、私がサンライフ魚崎の施設長として理事会、評議員会で承認されたのです。

私はその当時、子育ても終わり、学校のPTA、子ども文庫などの役くらいで手が空いていたと言えば、空いていた時でしたのでお引き受けいたしました。

佐藤光子氏

塚口：主婦業で学校の役職をされていたとはいえ、施設の経営を統括する施設長に就任されるのには大きな決断が要ったと思います。

ご主人の恒夫さんのことについてお聞きしたいと思います。

## 婦唱夫随の経営が始まる

佐藤恒夫氏

佐藤恒夫法人副本部長（以下「恒夫」と表示）：技術の世界から福祉に飛び込んでどのようにやってきたかをお話したいと思います。まず、私の大まかな生い立ちをお話させてください。私は、終戦の翌年の昭和21（１９４６）年11月に岡山県那岐山麓のふもとで農家の長男として生まれました。姉妹と３人です。産後の肥立ちの悪かった母を３歳の時に失い、義母に大変お世話になりました。父は、屈強な体格で最盛期に母と２人で米５反、葉タバコ１町３反、葡萄５反（１反は３００坪、１町は3000坪）を営んでいました。中学まで農作業を手伝わされ、草刈りや土寄せ作業で鎌や鍬やのこぎりの使い方を覚え、足腰を鍛えさせられました。それゆえか中学時代は、中距離選手として郡内の駅伝に1年生から出場しました。高校の入学式の日に山奥からでは到底大学に入ることはできないと痛感し、3年間はすべてを受験に集中しました。何とか40人の定員内に入れたのが名古屋工業大学電気工学科でした。大学紛争で卒業式もありませんでした。そのまま修士課程に進みました。その当時、大学院入試はドイツ語が必須で大変でした。半導体が超人気の時代に、動きが見えるモーター研究を学部・大学院と3年間専攻しました。就職は、松下電器産業株式会社に応募しました。おもしろくないモーターをやりたい人はほとんどいない時代のため、無試験で歓迎されました。

余談になりますが、野球が好きで、同僚と昼休みに真夏も真冬も年がら年中、70m離れた相手の胸の正面めがけて遠投のキャッチボールに15年近く熱中しました。そのおかげで、この50年間元気でおられると思っています。介護職員さんができない事を手伝えられると思ったので福祉に再就職したのです。

前置きが長くなりましたが、ここで本論に入りたいと思います。家内が施設長を引き受けたときは、私はパナソニック　モーター社（旧松下電器）の技術責任者を担当しておりました。モータ社では開発技術部門に３００人くらいの技術者がいました。入社は昭和46（１９７１）年、電動機研究所でした。郵便局では当時職員が通帳への金額記入を手書きでしていました。郵政省は、これを機械に代えようとしていました。郵政省とパナソニックが共同開発していた窓口会計機の駆動モータの開発が私の初仕事でした。フロッピーディスク装置やハードディスク装置・車載用駆動モータの開発を経て溶接ロボット用モータの開発が技術者として現役最後の仕事でした。年月を経るなかで、製造部門や仕入れ部門の責任者を経験し管理技術や交渉技術・購買技術を学びました。日本および欧米の主要なＯＡ・ＦＡ・自動車メーカとお付き合いできた貴重な30年余りでした。

家内が施設長を引き受け、しかもまったく新たに神戸魚崎の地で船出をすることを聞いて、少し心配はありましたが快く賛成しました。たまたま、その2年後に不景気で会社のリストラ募集がありました。以前から55歳になったら退職し、田舎に帰って農業を継ごうと考えていましたので、早期退職して妻の事業を支えていこうと決心をし、覚悟を決めました。家内は生活の事は何でもできる、私は、高齢者の皆様の生活部分以外の施設運営や安全保守で支えていこうと思ったのです。施設でモータの使われていない設備機械はまずありません。何か役に立つだろうと思ったからです。笹山周作施設長（当時）にお話したら、是非来てくれと喜んでくれました。

塚口：恒夫さんの覚悟は素晴らしいと思います。恒夫さんはパナソニックモータ社でその当時、技術責任者として300人の部下と一緒に仕事をしていたのに、そこを早期退職して奥さんの活動を裏支えしようと決心されたのですから、根底には深い愛情が見て取れます。

施設開設は、多面的な対応が求められます。膨大な関係書類の作成、職員の採用と配置、事務機器や調度品の購入と配置等本当に大変な事務量をこなさなければなりません。恒夫さんが裏方として、その業務をこなされたのではないですか。今日、編集者の一人として臨席いただいている丸山絵理子さんが補佐をされながら進めてこられたのではないかと推測いたします。

佐藤施設長

恒夫：一つの組織を動かすには、その組織の動きを支える裏方がどれだけ確かな仕事をするかにかかっていると思います。私の場合は、前職の経験を活かすことができましたが、それを十分やれたかどうかは分かりませんがこれからも全力を尽くしたいと思います。

塚口：サンライフ魚崎の船出と同時に平成12（2000）年4月1日に介護保険制度がスタートし、特養の経営が「措置」から「契約」の仕組みに大きく変わりました。この波にどううまく乗せるかも大きな仕事だったと思います。

光子：おっしゃる通りです。措置の時代は、行政の指示どおりにすればよかったのですが、契約の時代に入ると行政からの指示待ちでは経営ができません。自分たちで方針を立て、自分たちで物事を判断して、しかも、利用者第一主義で進まなくてはならないのですから大変です。介護保険制度施行日と同じ日（平成12（2000）年4月）にサンライフ魚崎も開所しました。在宅重視の介護保険制度なので、施設の建設にしましても、病院モデルではなく家庭的な雰囲気のしつらえとして、例えば、グループホームでは、食堂はアイランドキッチンを備えたダイニングとして、和室をリビングとしました。特養・ショートステイ部門でも、カーテンではなく窓のところにすべて

特別養護老人ホームサンライフ魚崎外観

障子を入れたしつらえとしました。ケアについても、認知症対応型グループホームでは家庭的な雰囲気のケアをしていくのはもちろんですが、特養ホームも小規模30床で在宅のような個別ケアに取り組みました。私にとっては、福祉業界を知らない弱みがかえって幸いし、主婦力を生かした新しい目線で施設ケアを考えていけるようになりました。

## 施設経営には基本理念と目標を

塚口：光子施設長が指摘されたように、経営には目標が不可欠です。しかも、誰が見てもわかりやすい、しかも納得ができる目標でなければならないと思います。

光子：社会福祉法人ささゆり会には施設を経営していく上での基本的な理念を掲げておりました。もちろん、その基本理念が土台になるわけですが、私たちは、次のような基本理念を掲げました。

その一つは、基本的人権の尊重です。日本国憲法第11条には、「国民は、すべての基本的人権の享有を妨げられない。この憲法が国民に保障する基本的人権は、侵すことのできない永久の権利として、現在および将来の国民に与へられる」と規定しています。そして第12条には自由及び権利の保持責任を、第13条には個人の尊重を謳っています。社会福祉施設は、社会的に弱い立場にある人たちが利用されています。であるだけに、サービス利用者の基本的人権は誰よりも率先して守っていかなければなりません。そのためには、職員全員がこの基本的人権を深く理解し、あらゆる実践場面において活かさなければなりません。これを第一に掲げました。

その二つは、**社会的自立の助長**です。サービス利用者は、身体的に障害があるとはいえ、精神的には自立した存在です。私たちはこれを忘れてはなりません。支援に当たる職員は、利用者の精神的自立を引き出しながら、その個々の存在が社会に活かされる道筋を共に考えるような支援が必要だということだと考えています。

その三つは、**健全育成・援護の実現**です。福祉に積極的な熱意と能力を有する職員を育て、その職員達によって利用者個々人が健やかに暮らし、その暮らしに喜びを感じ、できればその暮らしの中で目標をもてるような支援が必要です。その支援は最良の支援ではないかと考えています。

その四つは、**地域への貢献**です。社会福祉施設は、地域に溶け込み、地域に支えられて存在しています。では、その施設は地域にどんなお返しをすればよいのかが問われています。私たちは、施設内ですべての事業が成り立っていると勘違いしてはならないと思います。地域に支えられ、施設は地域に貢献する、この双方の関係が打ち立てられるよう努力しなければならないと考えています。

塚口：素晴らしい経営理念だと思います。私も多くの施設を知っていますが、経営理念や経営綱領を理事長室に掲げているところが多いのですが、職員の多くはそれを知らないのではないでしょうか。経営理念は理事長室に掲げるものではなく実践で活かし深めるものだと思います。

光子：先ほど説明致しました4つの経営理念を踏まえて、サンライフ魚崎では、サービス十か条を実践しています。このサービス十か条は、先ほどお話ししました経営理念を具体化したものとも言えます。その骨子だけを申し上げますと、①笑顔で挨拶、②入居者はお客様、③利用者が、今持っている能力を生かした支援、④職員は専門性をより高め、個々人に合ったサービス提供を、⑤行きづまったら利用者の立場に立ち返って行動する、⑥利用者の意思を最大限尊重した介護を、そして情報の公開と提供を、⑦食中毒、感染症を出さない、食事は美味しいものを、⑧実習生、ボランティアを積極的に受け入れ行事・クラブ活動を数多く行う、⑨施設機能を最大限に発揮して地域に貢献する、⑩地域交流を図り、地域と深く結びつくといった内容です。

恒夫：先ほどの十か条について補完しますと、すべての出発は挨拶からと思っています。この当たり前のことができるかどうかが、職員に問われる初歩的資質です。また、利用者はお客様という考えは、措置の時代にはありませんでした。措置の時代は、サービス提供者が主体でした。社会福祉の基礎構造改革が行われて、契約により福祉サービスの提供方法が大きく変わりました。そのことによって、サービス提供者とサービス受給者は対等という考えに転換したのです。

国民主権の考えで見ると措置の時代もそうでなければならなかったと思うのですが、措置の時代は、措置権者が上位に立つような風土が出来上がっていました。基礎構造改革後のこの対等意識こそ最も大切な考えだと思います。施設が閉鎖的と言われる根拠はたくさんあります。そうならないように私たちは最大の努力をしています。実習生の積極的な受入、ボランティアとの交流もその閉鎖性を少しでも和らげ、利用者様にとっては社会の空気を感じ取るという効果があります。最も大切なことは施設長から説明しましたように、地域との共存です。施設がより良いサービスを提供できるのは地域と共存できているからです。共存という限りは、施設からも地域に最大の貢献をするという関係が出来上がることです。その前に、地域と共存するためには、施設が地域から信頼されていなければならないと思います。その信頼の第一は、堅実で透明性のある経営です。それに向かって努力を続けていきたいと思います。

## 経営実践の具体化

塚口：基本的で大切なことをご示唆いただきました。今までは、施設の経営理念、サービス提供の心構えをお話しいただきました。
さらに、今日、経営目標を具体化するためにどんな努力をされているのかについてお話を伺いたいと思います。

恒夫：私は、サンライフ魚崎の副施設長として入職しました。初代理事長の山内　弫氏から、施設経営では利に走ってはならない、地域の皆様を大切にしなさいと2つの事柄について口癖のように指導を受けました。小さな施設で赤字を出さないために、経営はつつましく堅実でなければならない、地域の皆様のご支援なしでは生き残れないというのが私の、というよりサンライフ魚崎の信念です。堅実な経営とはどんなことを指すかというと、次のようなことが言えるのではないでしょうか。ここでは、サンライフ魚崎で実践してきたことを土台に説明したいと思います。

**その第一は、金銭的に無理をしないことです。**

社会福祉法人ささゆり会は、幸いなことに財政的には余裕がある方です。金銭的に無理をすると職員の待遇を抑えたり、食材をケチったり、施設のメンテナンスを遅らせたり、利用者様にとっても職員にとっても良いことは一つもありません。借金を最小限に抑えることが一つです。節約するために設備が故障したりしてもなるべく自分たちで直してみようと職員と一緒に直しました。植垣も自分たちで剪定作業しました。利用者様の心を和らげるものの一つして、1年を通してお花をケアハウス屋上の花壇で育てて、食卓テーブルや玄関に飾っています。夏のスイカと年末の大根も

屋上花壇

毎年植えて、利用者様や地域のボランティアの方々に食べて頂いています。

第二は、職員の待遇を優先的に配慮することです。ささゆり会は職員の福利厚生に力を入れております。福利厚生の根本は、職員が安心して働ける環境を準備することだと考えます。こうした環境が整ってはじめて職員は自分の仕事に打ち込めます。また、福利厚生は職員の老後の安心も保障するものだと思います。職員も若いうちは老後のことなどあまり考えないかもしれませんが、私は経営者の一人として、老後問題を見据えない経営はないと考えております。老後の年金や退職金が従業員のみなさんのお役に立ってるようにと思っています。

第三には、堅実な経営の大切な要素として、透明性を保持することです。社会福祉法人のガバナンスの最も大切な一つが「経営の透明性」の保持です。この透明性こそが監督官庁からも信頼を得るカギになるものだと思っています。隠し事をせず、万一、事故が起きても正直に事実をご家族にお話しします。ご家族の納得が得られれば信頼して頂けます。包み隠さず起きたことをご報告することに徹底しました。神戸市様に対してもそうでした。諺にあるごとく「The accident will happen」、事故は必ず起こるものだ。人間はミスを犯すものだ。組織は不完全な人たちが集まって目標に向かって力を合わせていくものだが私の信条です。

塚口：これは大切なことをお話しいただきました。光子施設長からもお話しください。

光子：社会福祉・介護福祉施設は利用者第一主義で経営されなければならないと考えることが最も大事なことです。そのことを前提に、利用者様が安心して日々の生活が送れる要因として、職員どうしのチームワークが大切です。このチームワークを考えるとき3つの側面があると考えております。

一つは、経験者と未経験者のチームワークです。介護技術についてその理念や技術・方法をデスクワークで学んでも、臨床場面で経験を積まないと一人前にはなれません。臨床場面の経験は先輩のやり方から多くを学ぶことになります。先輩は後輩を上手に指導し、後輩は先輩からの指導を謙虚に受け止めるといった相互作業が必要です。そのためには、先輩・後輩のチームワークは不可欠です。

二つには、異業種間のチームワークです。介護職と看護職、介護職と調理職といった異業種間で固いチームワークが組めるかどうかです。それぞれの専門職に上下関係はありません。あるのはそれぞれの分野におけるプロ意識と技術です。これらの調整を事務職が行っています。事務職はもちろん、諸会議・経理の記録と整理が中心となりますが、異業種間のコーディネート役も果たさなければならないと考えています。このコーディネートは恒夫副本部長（事務長）が率先して進めてきました。

　サービス利用者の方々が最も安心するのは、職員間でチームワークがうまく働き、職員の皆さんが明るく親切に接してくれることだと思っています。

　三つには、外国人職員とのチームワークです。魚崎グループでは、ベトナムからのＥＰＡ（経済連携協定）による介護福祉士候補生の受け入れを平成28（２０１６）年に始めてから既に5年を迎えます。塚口理事長の提案を受けた笹山周作法人本部長が、平成26（２０１４）年に、ＮＰＯ法人福祉サービス経営調査会主催でベトナムのホーチミン市の看護大学などを見学する機会に恵まれました。翌平成27（２０１５）年12月からささゆり会は、ハノイでの就職面接会へ参加することになりました。そうした経過をたどってまずＥＰＡを通しての受け入れが始まったのです。

EPA 候補生

このように、今後は海外からの介護人材の受け入れが盛んになると考えます。その後インドネシア、ミャンマーなどからの受け入れ準備が着々と進んでおります。こうした外国人介護職員とのチームワークが必須のこととなります。

外国人職員には、日本式介護サービスを習得してもらわなければなりません。あえて日本式といったのは、日本は諸外国と比べて最も速いスピードで高齢社会に突入しました。ですから、介護福祉学・技術が進歩しましたが、受け入れ先の国は介護学や技術は遅れております。しかし、彼らはハングリー精神が強く懸命に勉強に励みます。宗教観の違い、価値観の違い、文化風土の違いなどを乗り越えて、日本の高齢者の価値観や教養水準、倫理観などを理解して介護サービスにあたってもらうことになるのです。日本人の職員と彼らとのチームワークの主導は、最初は日本人職員が負わなければならないと考えています。

塚口：光子施設長からは、施設はサービス利用者第一主義が最も大切で、それを実現するためには、職員どうしのチームワークが大事であることが説明されました。すべての職種が自己の専門性を発揮しながら、自分以外の職種の働きに気を配り、理解しあい連携する状況がワンチームといわれるゆえんだと思います。

加えて、介護サービス提供の第一線は国際化しているということです。この第一線がこんなに早く国際化するとは思いませんでしたが、施設管理者は、ここをうまくマネージメントできないと介護現場の前進はないと考えられます。

EPA 学習時間

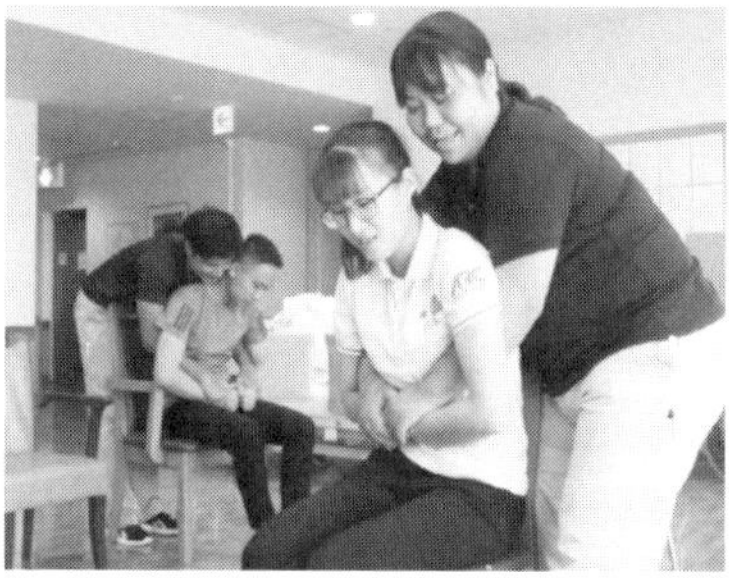

EPA 技術講習

## 事業の拡大、その意義

塚口：サンライフ魚崎グループと言ったらよいのでしょうか、社会福祉法人ささゆり会に所属する事業体として、そう呼んでいるのですが、魚崎グループの事業体は、かなり自主的な経営を理事会から付託されています。それは、東灘区魚崎が神戸市を代表する住宅街の一つであるエリアであること、その地域に合った施設経営が必要であることなどを考慮した経営が求められることなどから、いわば、一定の自治権が与えられているといえます。

そうしたことを前提に見ていただきたいと思うのですが、魚崎グループは年々事業拡大を進めてきました。その状況をまずお話しいただきたいと思います。

光子：魚崎グループのコアになる施設は特養のサンライフ魚崎です。その設立については、すでにお話いたしましたが、それに続いてショートステイの開設です。

## ショートステイの開設

特養開設から1か月遅れて、平成12（2000）年5月よりショートステイを開設しました。ショートステイには専属の職員を配置しました。そのことで、利用者の方が安心して施設に泊まることができます。また、職員が専属で付くようになり利用者様の状態や性格、健康状態などより良く把握できるようになりました。特に、事故のリスクを無くすために細心の注意を払い、ADLを低下させないためできる限り在宅に近いケアを心がけました。

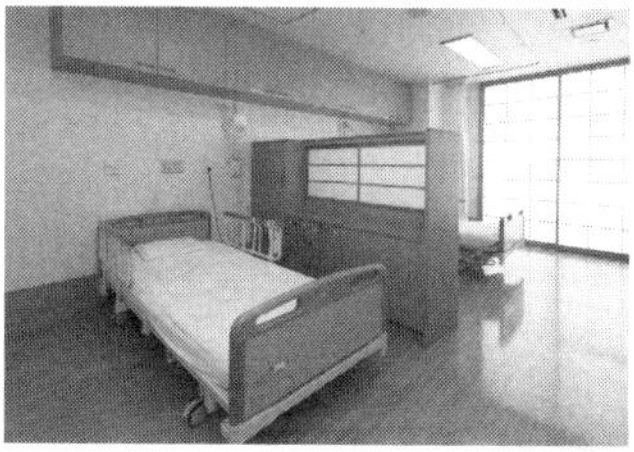

ショートステイ居室

特養フロア

## デイサービス事業の開設

平成12（2000）年5月にショートステイとほぼ一緒にデイサービス事業を開設しました。開設にあたり、利用者の獲得、送迎の準備、特に、送迎の車の運転は事故と隣り合わせのため担当職員は本当に神経を使ったと思います。利用者様が増えるにつれ、ご家族との連絡を密にすること、利用者様が満足でき、いっそう元気になれるようなプログラムの編成と参加促進、さらには、デイサービスのプログラムを支えてくださったボランティアの皆さんとの協働など課題はたくさんありましたが、それらを一つ一つ解決しながら利用者様の信頼を得ていくようにしました。担当職員の努力には頭が下がります。

デイサービス送迎

開設以来20年間、交代で毎日のようにデイサービスでのボランティア活動をして頂いている荒谷雅さんや畑野芙美子さんが率いるナルク東神戸（NPO法人ニッポンアクティブライフクラブ）の皆様、同じく20年間週2回音楽療法でご支援いただいているピアノの田中牧子先生、さらに月1回のアルトサックス奏者草野誠一郎さん率いるピアノとウッドベースからなる本格的ジャズトリオのワーキングキャッツさん達の強力なご支援を頂いています。ワーキングキャッツさんは、再会にはオープニングテーマ「クールストラッティ」が演奏されます。演歌から締めくくりの六甲おろし、そしてエンディングテーマ「ナウズザタイム」でお別れです。

このように生演奏を楽しませてくださっているワーキングキャッツさん等、10年以上続けて下さっているボランティア団体の皆様のお陰でサンライフ魚崎はここまでやってこれています。本当にありがたく感謝しています。

ボランティア
ワーキングキャッツさん

## グループホームの開設

平成10（1998）年に、神戸市の企画で始まりました。サンライフ魚崎のグループホームの設計は、京都大学教授の外山先生（故人）にお願いしました。当時、グループホームは兵庫県にはなく広島県の福山市まで見学に行ったことを覚えています。神戸市におけるグループホームは当初、震災復興住宅として発足しました。今日では、認知症の方々の生活の場として位置づけられました。

このグループホームはフレールと名付けました。フレールとはフランス語で友達・兄弟という意味です。このグループホームは1ユニット8名で2ユニット16名の利用枠です。ケアの内容を紹介したいと思います。入居者様の誕生日会では、その日に必ず全員が集まってお祝いをします。また、季節の行事、さくらの花見には、お弁当を作って近くの公園で座敷を設けます。入居者様全員に思いを書いていただいた短冊を飾った七夕まつり、園内での花火大会、秋のバス旅行遠足、年末のクリスマス会、大晦日の紅白歌合戦のテレビ観戦、年が明けて初詣、西宮十日戎には電車に乗って皆でお参り、節分には巻き寿司を皆で作って食べ、梅見にも行くなどの行事を行います。加えて、6月の納涼祭、9月の敬老会などで親睦を深めます。秋の遠足バス旅行には、毎年ご家族も一緒にご参加いただき大変好評を得ています。また、年末のクリスマ

グループホームでの生活

ス頃には、車椅子で電車に乗って三宮までルミナリエ見学に行きます。

また、朝・昼・夕の食事をグループホームのキッチンでつくり、それを一緒に手伝える方には手伝っていただき、ご自分のお部屋のお掃除もできる方には、毎日掃除機を掛けて頂いています。毎日の日課である皆さんお楽しみの合同散歩、真夏も真冬も続けてまいりました。だからいつまでも自立歩行ができています。洗濯物をたたみ、ご自分の食器洗いなど日々の生活の中で、ご自身のことは自分でして頂くことで認知症を進行や老化を食い止めていっています。

認知症の方々は、生活環境の急激な変化、均一的なケアなどは馴染みません。できるだけノーマルな暮らしを根底に、昔を思い出すいろいろな行事や日頃の当たり前の生活をして頂くなど絶えず工夫をしていくことが大切だと思います。自分ですることの大切さをつくづく感じるのは、入居者のみなさんの多くが若いころ家庭でおやりになっていたお花を生けることでした。ボランティアとして男性生け花師匠の平山卓巳さんが開設以来、毎月1回加古川か

グループホームでの生活

らご指導に来て下さっています。平山先生は、フレール魚崎中町グループホーム建設時に、神戸市住宅局の職員として建築に携わっていたのがご縁です。いまでも、入居者様と一緒にお花を楽しんで下さっています。

塚口：ケアハウスの開設には恒夫さんが努力をされたとお聞きしています。その経過やご苦労の中身をお話しくださいますか。

## ケアハウスの開設に向けて

恒夫：入職間もなく、笹山施設長から今のままでは、規模が小さすぎて近い将来経営に行き詰まることは目に見えている。新しい施設を作るために土地を探せ、という指示をいただきました。6月の暑いさなか、自転車に乗って東灘区の空き地探しに奔走しました。でもこれといった適地が見つかりませんでした。一方で、魚崎の拠点施設であるサンライフ魚崎は定員30名の小規模介護施設です。サンライフ魚崎の立地環境から入所待機者が多くありましたが、この要請に応じることができない状態でした。魚崎周辺は、地価も高く、介護施設を増設するような広さを持つ土地を得ることは困難でした。

ところが、8月盆明けから特養の西側に隣接するアサヒビールの社宅の方々が頻繁に転出しだしました。おかしいなと思っていましたが、そのうちこの社宅が売却されるとの情報を得ました。11月に笹山施設長と2人で西宮市にあるアサヒビール関西支社を訪問し「土地を分けてください」、とお願いいたしました。しかしその時はあまり良いご返事を頂けませんでした。どうしても諦めることができなく、何とか手に入れたいという思いで社宅跡地を購入するための活動を始めました。それが平成15（2003）年2月でした。まず、アサヒビールの池田弘一社長に直接その土地を譲渡してほしい旨の書簡をお送りしました。池田社長からは「土地はいずれ売却する予定だが、特定の対象者に譲ることは、企業の公正性・経営の透明性からみて適切でない」との返事でした。諦めてはいけないと思い、2度目の書簡を出しました。その内容は、「サンライフ魚崎の東隣に魚崎小学校、南隣に魚崎幼稚園と知的障害者施設魚崎デイサービスが位置しています。このようにこの地が文教・福祉地区であり、そこに福祉施設ができたからといって、アサヒビールさんが地域の皆さんに感謝されることがあっても、非難されることはあり得ません。私は確信しています」という内容を記載した書簡でした。加えて、民生児童委員協議会会長の永島長一郎氏や自治会長等、関係者の方々に施設拡充のための活動を説明させて頂き、永島氏から「ぜひ確保してください」と強いご支援を得、署名捺印を頂きました。まさに、施設増設は地域の皆様の強いご要望であることを正直に訴えたのです。

そして、同年4月16日にアサヒビール不動産部門の責任者から交渉に応じるとの返事をいただき、交渉を重ね売買契約の調印に至りました。その間、魚崎にはお金はありませんでしたが、笹山周作施設長（当時）の力強い支援があったことに感謝しております。そして、平成17（2005）年4月26日に竣工に至りました。私はこの一連の経過を通して、何事にも誠実に熱意をもって正直に正々堂々と当たることの重要さを改めて自覚しました。もちろんこの交渉には、先に申し上げましたように、地元自治会、民生児童委員協議会の方々の力強い後押しを頂いたことを申し添えておきます。こうした一連の動きは、地域の方々にはよくご理解頂いているものですね。そのことも、地域の皆様から高い信頼を得る要因になったと思っています。

介護型ケアハウスサンライフ魚崎外観

塚口：それでは、引き続いて、サンライフ魚崎グループの主催でいろいろな事業、行事を展開されていますが、その主なものについて、その意義と成果などをお話しいただきたいと思います。

光子：行事等のお話をする前に、どうしてもお話ししておかなければならないことがあります。それは、私たちの施設運営に欠かすことができない医療のことです。特養もショートもケアハウスもグループホームも健康管理のために主治医が必要となります。そのために平成12（2000）年の開設時に、東灘区医師会にご協力をお願いいたしました。特養ショートは原則、任期6年で今まで、藤田先生・高倉先生・西川先生にお世話になりました。現在、長坂先生にお世話になっています。ケアハウスは、平成17（2005）年の開設以来、15年間開田先生にお世話になっています。グループホームも開設以来、神本先生にお世話になっています。また、歯科医師として、開設以来、藤本先生、高木先生にご指導を頂いています。両先生には、月1回の口腔ケアカンファレンスにもご出席いただき、馬場・栗原歯科衛生士から栗原・古川歯科衛生士との20年コンビで職員を指導いただいています。このように、私たちの施設は、素晴らしい先生方に恵まれていることにいつも感謝しているところです。これからも相変わりませずご指導をお願いいいたしたいと思っています。

# 事業、行事・催しの意味

光子：もとに戻ってご質問の行事は何を目的にするかです。その一つは、行事には地域のボランティアや関係者が関わってくださいます。この地域との関わりを通して利用者の方々が地域とつながると考えます。これが大切です。例えば、スウェーデンでは、大規模施設は法律で廃止しました。その本旨は、施設での生活はノーマライゼーションにそぐわないという意識からです。北欧の社会福祉で中心的な理念はノーマライゼーションの実現をどう図るかです。施設での生活は、特に大規模施設での暮らしは、所詮社会から隔離された生活、いわば、ノーマルな生活ではないと認識するに至ったために、大規模施設は廃止したのだと思います。施設の規模が大きくなればなるほど、その運営は、提供者主体にならざるを得ません。起床は何時、朝食は何時から何時まで、昼間はレクリエーション、夕食は何時から何時まで、就寝は何時といった具合に、利用者主体の運営からだんだんと離れていかざるを得ないからです。日本ではなかなかそうはいきませんが、地域とのつながりを濃くして、隔離的な弊害を薄めていく必要があります。

神戸市では、大規模施設が西区、北区などにたくさんできていましたが、住み慣れた地域の施設に入所することができるように、東灘区・灘区・中央区・長田区等の海側にも、市街地特養として、介護保険前に先ず小規模な施設をということで須磨区と東灘区に建設計画を立てられた神戸市は立派だと思います。

食事のことについてお話ししましたので、このことについてもサンライフ魚崎というより、ささゆり会の基本の考え方として、食事は自前の手作りを利用者の皆様にお出しするということをこの20年間貫いて

厨房

きました。高級料理をお出しする力も技術もありませんが、なるべく旬の食材を利用者様に召し上がって頂くという信念のもと、厨房を運営する管理栄養士にはいつも妥協することなく要求してきました。管理栄養士たちも大変だったと思います。よく私の要請に応えてくれました。調理に携わる皆さんも朝は6時から朝食の準備をして頂きました。皆さん愚痴の一つも言わずに頑張ってくださいました。この食材を届けてくださっているフローリッシュいわさきさんも、月曜日から土曜日まで週6日、盆も暮れも休みなくこの20年間、厨房とケアハウスとグループホームの各階入口まで、毎日食材を届けてくださいました。献立の変更や納涼祭・敬老会・クリスマス会等のお祝い膳を利用者様にお出しする時は、厨房職員も食材提供者のいわさきさんも大変だったと思います。皆さんのご支援に感謝しかありません。改めて、調理員の皆さんやいわさきさんにお礼を申し上げます。

敬老会　お祝い膳

二つ目は、サービス利用者の方々が、施設にあっても、地域社会の一員として暮らしていたのだという意識と、それが実感できる環境を作り出すのがいろいろな行事であり催しだと考えています。施設での、何の変哲もないケアの繰り返しがすべてという考えを改める必要があると思うからです。

塚口：行事や各種催しの意義についてお話をいただきました。ありがとうございました。

それでは、引き続いて職員の資質をどう向上させるかについてお話をお伺いしたいと思います。

サンライフ祭

## 研修には多様な利用者ニーズに対応できる資質を

光子：職員には外部研修の機会をできるだけ作っています。その研修における教育内容の習得が第一義ですが、同時に他の社会福祉法人の職員との情報交換も得るものがたくさんあると思います。

特に私たちが心に留めなくてはならないのが、利用者様の多様なニーズ、生活上のニーズ、文化的ニーズです。なかでも、この文化的ニーズには自己の趣味や映画・演劇・音楽等多様な分野があります。こうした利用者様のニーズにどう応えていくかもこれからの介護福祉施設に求められる課題だと考えます。

魚崎グループでは利用者様のニーズにお応えする一環として習字・華道・フラワー

アレンジメント・ハープセラピー・音楽療法・折り紙・合唱などの文化サークルの活動も活発にしております。また、小旅行、ピクニック、散歩など手近な機会をとらえた催しも行います。

職員研修の主な狙いは、サービス利用者の多様なニーズにどのように応え、それが利用者様の生きがいや元気に生きる意欲に結び付けられるような支援ができたらと考えるからです。

昔ながらの食の提供を続けていく一方で、科学的根拠に基づく介護方法の実践やノンリフト介護等を目指していくのが専門職のあるべき姿だと思います。神戸市の研修にはできるだけ各部門より参加し、その専門性を職員が高める努力をしています。また、法人全体で取り組んでいる国家資格取得への奨励、例えば、介護福祉士・介護支援専門員・社会福祉士・看護師・精神保健福祉士等

音楽療法

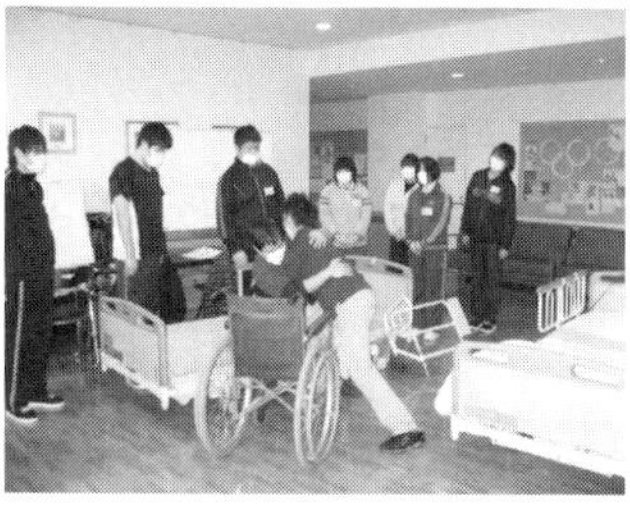
職員介護技術研修

の受験に対する費用の2分の1を法人負担としていますし、笹山法人本部長自らが作製した独自の学習テキストの貸与やその講師役まで本部長や私や職員が行っております。ここまで20年間の実績があってか、ＥＰＡ介護福祉士候補生に対しても、お互いに友好に受け入れ態勢が整っています。ささゆり会グループに大勢の外国人介護希望者が来て下さるゆえんと自負しています。ＥＰＡ介護福祉士候補生は、3~4年の間に介護福祉士国家試験に合格するという目標があります。

介護技術の向上には、最近はＩＣＴ化が叫ばれています。サンライフ魚崎でも特養・ショートステイ・デイサービス・ケアハウスで全入居者の方の24時間見守りカメラを導入しました。ナースコールとの連動も含め、介護士・看護師の負担軽減や事故未然防止の強化や虐待未然防止に向けて、ひとつずつ取り組んでまいりたいと考えています。

高齢社会においては、いつかは誰でも要介護の状態になると考えます。これは必然

職員座学研修

のプロセスでもあります。「介護良ければ全て良し」と思ってもらえるようなサービスのクオリティが求められているのではないかと思います。

ですから、介護支援とは、その人を総合的に理解し、その人の多様なニーズを理解しながら行う支援だと考えています。

そういう意味からみると介護の仕事にあたる人は、心優しい包容力のある方が求められると思います。支援を受ける側からすれば、こんな人から包み込むような援助を受けたいと望むのではないでしょうか。聖路加国際病院で１００歳を超しても現役の医師として尊敬を集められた日野原重明先生は、「医師は、疾患を治すことができても病気を治すことができないのではないか」とおっしゃっていることを聞いたことがありますが、これは、疾患という局所を治療することができるが、患者を一人の人間として全体を理解し、患者の心を癒し、生きる意志を湧き出させる、そんな力はないと言っておられるのではないかと推測します。「キュアはできても心と体の健康を回復する癒しケアはできない」ということだと考えます。介護の仕事は、実は、相手への寄り添いをとても大事にする仕事ではないかと常々考えております。

塚口：まさに介護の本質を突いた発言だと思います。私は、高齢社会の最大の問題は、介護の問題だと思います。高齢者が、要介護状態になったときに、質の高い介護サービスが受けられることほど幸せなことはないと考えております。

政府は、少子高齢化社会対策を国内政治の大きな課題としてスローガン化していますが、実は、少子化対策重点主義です。日本の高齢者は「豊かな」高齢者が多いのだから、医療費も高い負担にする、介護保険料も引き上げる、サービス利用料も応能負担から応益負担に切り替えるといった施策を続けています。これでは、日本は「棄老国家」になりますよ、と警告の本を笹山周作さんなどと出版しました。

最後に、施設経営で大切とされているガバナンスについてお話を伺いたいと思います。

# 施設経営のガバナンス強化について

光子：社会福祉法人全体のガバナンスについては、法人の評議員会・理事会で検討がなされ、特に財務については、監査法人に参画を願い万全の体制が組まれていると確信しています。それを受けて、魚崎グループの各施設では次のような事項に注力しております。

その一つは、透明性のある経営です。魚崎グループの経営の実態は、何も隠す事項はなくどんなことでも、いつでも公表できる状態にしております。

その二つは、地域に開かれた経営をしていることです。措置の時代は、監督官庁に開かれておればことは済みましたが、今日では地域にオープンでなければなりません。

多くのボランティアを受け入れ、大学や専門学校の学生の実習を受け入れ、地域の方たちの福祉や介護の相談を受け入れ、施設を身近な存在にしなければならないと考えておりますし、そのように実行しております。

恒夫：不適切を指摘された社会福祉法人があったとすれば、押しなべて閉鎖的だったのではないでしょうか。隠し事があれば、閉鎖的になっていきます。先ほども申しあげましたが、地域と深いつながりの中で経営にあたりますと、経営が地域の目にさらされますので透明性も担保されます。

塚口：今回の鼎談は、施設経営の各般にわたって論じていただきました。多くのご示唆に富んだご発言をいただきました。社会福祉法人ささゆり会の魚崎グループの経営は一見平凡な経営に見えます。この平凡に見える経営の中身は、鼎談の中で述べていただきましたが、その理念・

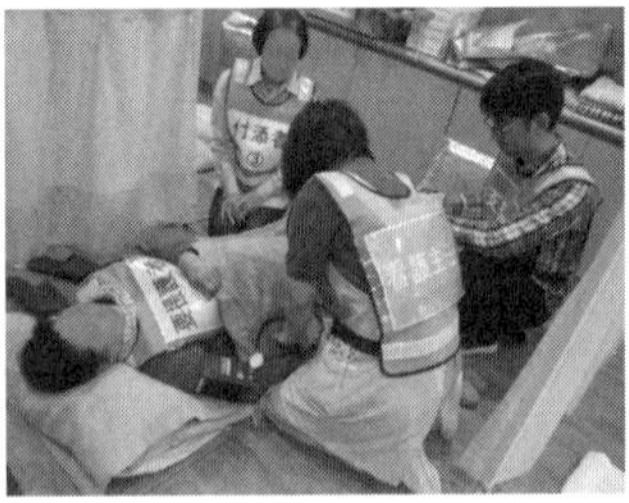

地域の方との避難訓練

目標を実現するために非凡な努力がなされていることがわかりました。特に、介護保険制度施行前夜に介護支援とは何か、その仕事に携わる意義とは何か、経営者はどのような視点で職員を育て、地域との繋がりをとらえ、それらがサービス利用者にどのように活かされなければならないかなど、お話をいただきました。まだまだ深めたいところもありますが、とりあえずこれで締めたいと思います。魚崎グループの施設長であられます佐藤光子さん、副本部長であられます佐藤恒夫さんありがとうございました。

また、今回のシリーズの編集者である野嶋納美さん、丸山絵理子さんありがとうございました。後の編集でご苦労をおかけいたしますがよろしく対応してください。

# 第Ⅱ部

# 佐藤夫妻へのメッセージ

# サンライフ魚崎と共に

魚崎北部地区民生児童
委員協議会　元会長
永島長一郎

私が初めてサンライフさんを訪問させていただいたのは、施設竣工式に使用されるお酒（樽入り）の注文を頂いたときです。その際にお目にかかったご婦人が佐藤施設長であったのです。心のこもった応対を受けたのを覚えています。竣工式も済み、４月からは介護保険が施行され、その説明やサービスの使い方の説明などが大変で、サンライフ魚崎を利用していただくのに、数年がかりだったそうです。

佐藤施設長が平成16（２００４）年に「ささゆり新聞」に「サンライフの思い」として載せられた記事。

「―認知症ケアへの取り組み―　お年寄りと一緒に昼食作り　佐藤光子

平成12（２０００）年４月に認知症対応型共同生活介護フレール魚崎中町グループホームを魚崎事業所に開設しました。当初はグループホームケアのモデルも全国的に少なく、また私共の職員も特養ホームの経験はあっても、小規模で、しかも認知症の方ばかりのホームケアは初めての者ばかりでのスタートでした。その中で先ず、職員配置で、主婦の経験を活かせるどこの家庭にもあるような、お年寄りとお嫁さんという組み合わせに配置しました。グループホームのケアは、生活そのものをケアとして組み立てること、つまり、日常の掃除、洗濯、炊事という家事をそこで暮らす、お年寄りと職員が一緒になって、ごく自然な家庭のように営んでいくことが、認知症高齢者のケアとなっていくという、信念のもと始めました。

朝ごはんの用意、各自の居室やトイレ、共用の廊下や食堂等の掃除、お昼前にはお料理の好きな方々が職員と一緒に腕をふるって全員の昼食準備をしました。午後はゆったり入浴（家庭風呂）をし、3時にはまたみんなで集まってお茶の時間、というように一日の流れがどこの家庭にもあるような生活の流れに組み立ててあります」。

私の家庭、私88歳、今年から少しおかしいぞ。妻84歳、左足が悪く歩行が困難。2人で力を合わせて頑張っています。サンライフ魚崎佐藤施設長のレポート「お年寄りとちょっと一緒に食事を作ろう」は、参考になりました。ありがとう。

# 佐藤施設長との出会い

魚崎北部地区民生児童委員協議会　会長
長谷川テル子

突然の原稿依頼に戸惑いながらお世話になっている佐藤施設長のお人柄について書こうと思います。

サンライフ魚崎は特養・介護型ケアハウス・デイサービス・ショートステイ・グループホーム・居宅・地域包括支援センターが1か所にあり便利なところです。施設長は、これらの施設の運営、外国人介護職員の受け入れ、その人たちのお母さん的役割、それに新型コロナの中、職員・施設利用者のコロナ対策と普段の仕事にと、忙しい日々を送られています。高齢化社会に、そして認知症も年々多くなり、私たち民生児童委員にとっても相談することも多くなり、親身になって聞いてくださるので助かっております。

佐藤施設長さんには、サンライフ魚崎での会議、ささゆり会での評議員として、いろいろと分からないことを分かりやすく教えていただいております。長く施設長として活躍されることを願っております。

# 佐藤ご夫妻のお人柄にふれて

開田醫院　元院長
開田宏一

佐藤ご夫妻の笑顔と気持ちの良い職員の挨拶を受けていつのまにか十数年間施設に出入りさせて頂いております。

先日表題の寄稿依頼があり、初めてささゆり会の基本理念、職員のサービス十か条を精読しました。やはり入居希望者（待機者）の多さ、気持ちの良い職員の立ち振る舞いと定着率の高さ等は、ご夫妻の人柄、優しさはもちろんのこと、常に「相手の立場になって」「職員は施設の宝である」が基本となっているものと私は思っております。

ご夫妻のいくつかのエピソードが瞬時に浮かびました。

（1）　率先垂範

感染症が多発していたある正月に施設を訪問すると、施設長が三が日にもかかわらずゴム長靴をはき、棒雑巾姿で除菌作業をしておられました。何がなんでもこれ以上感染を拡げないという強い意志で先頭に立って全職員を引っ張っておられた姿を垣間見たこと。

（2）若い職員の神戸での母親代わりとして

体調の悪い女子独居職員宅に食料品持参で訪問し、愛情のあふれた生活指導をされていたこと。

（3）外国人職員の日本のお母さんとして

新型コロナウイルス感染症の猖《しょう》獗《けつ》をきわめていた時に、外国人職員が所轄官庁にビザの手続きに行かなければならないことがあり、施設長はどのコースをどの時間帯に行くのが最も他人との接触が少ないのかとご自身で何度も往復され、また服装まで細々と指導されていたこと。

（4）入居者への思いやりの心

入居者様がベッドの柵に手や足を挟まれないように手作りのキルティング製の杖立もついた柵カバーを作られていたこと。

（5）地域の方々への思いやり

常々災害時近隣の要介護の方を何人くらい施設がお世話できるかと考えておられたこと。

人口の減少と高齢者数の上昇が著しくなり、5年後にはすべての団塊の世代が後期高齢者となり780万の人が要介護の認定を受けると予想され介護職員の不足が現在以上に社会問題となります。

しかし佐藤ご夫妻は常に入居者の発言は宝の山、職員は家族同然の立場で接しておられ、引き続き笑顔の絶えない素晴らしい施設経営をされることと思います。

新型コロナウイルス災禍もいずれワクチンが開発され減退するものと推測します。きっとまもなく…。

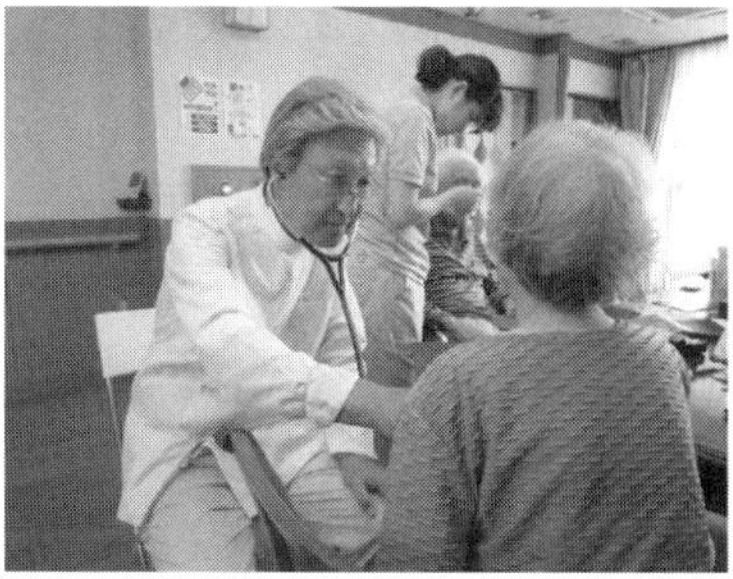

診察風景

# ボランティア活動を通して

平山卓巳

フレール魚崎中町のいけばなボランティアの参加も19年目となりました。当時、私は神戸市役所の建築技術者として勤務し、グループホームやシルバー住宅に携わっていたこともあり建物の検査や管理等で立ち寄る機会が多く、佐藤施設長とはお会いすることが多くありました。いつもゆっくりとした口調と優しい笑顔での応対は今も変わりません。施設のハード（器）以外のソフト面も覗きたく、ボランティア志願を申し出ると、快く引き受けて下さり今日に至っております。

当時は、介護保険制度をはじめグループホームの運営そのものが見切り発車的要素を含んでおり、今日までのご努力に敬意を表すばかりです。当初は入居者の方々も身の回りの行動が達者で、いけばなの時間はハサミを使いながら賑やかに雑談にも花が咲いていたように思います。いつしか時代とともに施設の状況や社会の変化も加速し、今では施設長ご夫妻をはじめスタッフの方々のご苦労は計り知れないものがあると思います。特に運営面や安全面での日々の戦いは休まることなく今後も続くことでしょう。

私自身、地元（加古川市）の自営活動の一環として高齢者向けパソコン教室（80名程の生徒）や、いけばな教室が何よりの生きがいですが、佐藤ご夫妻のおられるフレール魚崎中町での活動を楽しみに、お二人のエネルギーある取り組みに対し微力ながらもう少し応援したいと考えています。

お華のおけいこ

# ナルク東神戸とサンライフ魚崎

NPO法人　ニッポンアクティブライフクラブ
ナルク東神戸

住み慣れた地域で安心してその人らしい生活が続けられるよう支援していくために、東灘区に特別養護老人ホームサンライフ魚崎が新設されたのは、平成12（2000）年4月でした。

私たちナルク東神戸は平成19（2007）年9月に立ち上げ、地域に密着したボランティア活動の一端をサンライフ魚崎のデイサービスで実践することで、楽しく活動を始めて以来、今日に至っています。

佐藤光子さんは副本部長のご主人と共にサンライフ魚崎の施設長として、職員のみなさんと共に活き活きと活動され、笑顔と活気溢れる行動力で、高齢者の方々に心を込めて接してこられました。またボランティアの私たちにも、常に「ナルクさんにはいつも助けていただきありがとうございます」と声をかけて下さいます。

物静かな、声を荒げることなど想像できないくらい穏やかな佐藤さんは、趣味の園芸にも精を出され、施設の内外はいつも花で満たされ、施設を訪れるたびに心豊かな気持ちにさせられます。

佐藤さんと職員のみなさんは、今年の年初からの新型コロナウイルスの感染防止対策に大わらわだったことでしょう。このコロナ禍が一日も早く収束し、これまでのようにお手伝いさせて頂くその日が来るのを心待ちにしています。

# 人を育てるということ

魚崎高齢者介護支援センター　短期入所生活介護　管理者
日野晋佑

今から19年前の春、私はサンライフ魚崎の介護職員として働き始めました。当時、社会に出たての私は、学生気分から社会人としてのプレッシャー、怖い上司、仕事の難しさを想像し、恐怖で顔が引きつっていたのを覚えています。そのような状態でしたので、佐藤施設長、佐藤副本部長（佐藤恒夫氏は法人の副本部長でもある）とはお話する機会も少なく、雲の上の存在でした。しかし、働き始めてすぐに、心配は杞憂に終わりました。年齢の近い先輩職員が多く、時に優しく、時に厳しく指導してくださり、気さくに温かくサンライフ魚崎の一員として迎え入れてくださった雰囲気は、今でも忘れません。今思えば、お二方が職員との関係性を大事に、一緒に考え、悩み、相談に乗られる等、職員に近い存在でおられたことが、あの雰囲気を作り上げたのだと思います。

　そんな雲の上の存在であったお二方が、私にとっての社会人としての先生へと変わった突然の衝撃。それが入社2年半で命じられた主任への就任です。物覚えが悪く、要領も良くない私は、反省ばかりの日々を過ごしており、なぜ選ばれたのか、まったく意味が分かりませんでした。このことについては今でも謎です。

その後、現在に至るまで、社会人としての心構えやスキルは言うに及ばず、会社を運営するための考え方や姿勢、そして人に教えるだけでなく育てることの重要性、様々なことを我慢強く教えてくださいました。副本部長には、今でもよく「自分が現場に入るのではなく、どしっと構えて、1歩引いて全体をよく見なければいけない。そのうえで、仕事を任せ、後ろから支え、育てていくのだ」という趣旨のことを言われます。こんなことは当たり前だとも言われますが、非常に難しく、我慢も必要だと、日々痛感しています。

頼りになりそうもない若い私に主任という大役を任せ、我慢強く育ててくださった佐藤施設長、佐藤副本部長に本当に感謝しています。そしてこれらの教えを次の若い世代へと引き継ぎ、サンライフ魚崎をよりよい施設へと発展させていくことで、恩返しさせていただければと思います。

職員ハイキング

# 施設長の優しさにひかれて

介護型ケアハウス
サンライフ魚崎
生活相談員
嶋田倫英

「どんな人材を求めておられますか?」「とにかく、明るくて元気な人ですね」。これは私が学生時代、福祉就職フェアで、佐藤施設長との初めての会話です。

あの頃は就職氷河期で多くの学生でにぎわっていました。私も就職フェアに参加していたのですが、その場のギラギラした雰囲気に圧倒され、思うように動けていませんでした。自分の中でそれ程成果も感じられず途方に暮れていた私が一番最後に並んだのがサンライフ魚崎のブースでした。周りの学生達の喧騒と違い、穏やかな雰囲気の中でとてもやさしく丁寧に説明をして頂いたのを覚えています。今思い返すと、施設長の大らかで穏やかな雰囲気に自然と引き込まれていったのでしょう。説明が終わった私はサンライフ魚崎に応募する決意を固めていました。幸いにも内定を頂き、入職前の懇親会にお招きいただいた際に、佐藤施設長・副本部長とご一緒させて頂き、緊張している私にアットホームな雰囲気で気さくに話して頂いたことはよく覚えています。

サンライフ魚崎入職17年目になりますが、佐藤施設長は伝えていたことを忘れていることがあったり、話が長かったり、話が脱線してしまうことがあったり、朝令暮改で、もどかしく面倒だと思ったことも正直言うとあります。ですが、職員の心配事や体調不良がないか等、全職員に対してとてもこまやかに気を配っておられ、じっくりと話を聞き一緒に悩んでくれたり、時には差し入れを頂いたりとにかく寄り添ってくれます。若手の職員にとっては、施設長と同時に第二の母親のような存在かもしれません。

佐藤副本部長におきましては、野球でいうと直球ストレートな方です。「やるといったらやる」といった印象で一本気なところがあります。本館空調システムの変更、記録類の統廃合、見守りカメラの導入等を先進的な目で推し進めてこられました。その中で話の熱が入りすぎて面くらったこともありました。第一種衛生管理者の資格取得挑戦について私にお声をかけて頂き、また学習のサポートをして頂いたおかげで高額な研修に行くことなく資格試験に合格することができました。その後は安全衛生計画等、施設全体の安全衛生に関わることを一から教わり、資格取得2年目以降はおおまかな安全衛生業務を任せて頂けるようになりました。

ここまで私が続いているのは、佐藤施設長・副本部長の優しさが最初も今も変わらず、時には厳しいことも言われますが、温かく私たちを見守って下さっているからだと思います。また施設設備に関する知識や技術、施設運営の知識等を熱心に教えて頂いたことはサンライフに入職していなければ得ることのなかった物であり、私にとって大きな財産になっています。

# 現場第一主義を学ぶ

フレール魚崎中町
管理者
石本美智子

施設長に初めてお会いしたのは、約17年前の就職面接の時でした。ジャージ姿で「デイに行っていたので」とおっしゃられたので、優しそうな寮母長さん（相談員）だなと思ったのですが、後に統括の施設長だと知り、施設長がジャージ姿で現場に入っておられることにとても驚いたのを覚えています。

そして、その後も現場によく足を運んでくださり、職員にも気さくにお話しくださいます。人手が足りない時や大変な時には、作業着やエプロン姿で現場に入り、感染症対策で大変な時も率先して掃除や消毒作業をし、夜間の緊急時もかけつけてくださる姿に、恐縮しながらもこの施設の一員として自分も頑張りたいと思いました。

17年経った今も、現場が大変な時には休日返上で、食事作りやベランダの花や野菜のお世話をしてくださる姿は変わらず、施設長の偉大さを感じます。

グループホームでは、認知症の高齢者が家庭的な雰囲気の中、少人数で共同生活を送り、認知症状の進行を緩和させ、その人らしく活き活きと日常生活を過ごせるよう、日々取り組んでいますが、その中でも食事作りは施設長の想いが詰まったケアの一つです。作業のしやすい広めのアイランドキッチンで、現在も入居者様と共に食事作りをしています。

これからも施設長の思いを大切に、安心して活き活きと生活できるグループホームであり続けたいと思います。

グループホームでの食事作り

# 福祉人としての成長

魚崎高齢者介護支援センター　通所介護管理者
西　理恵

佐藤施設長と佐藤副本部長と初めてお会いしたのは、私が面接に行かせていただいた16年前でした。その日は雨が降っていて、まさかこんなにも駅から近い施設だとは思わず、キョロキョロしながらサンライフの前を通ると、傘を差して待ってくださっていたのが、佐藤副本部長でした。施設に入っていく私を見てすぐに温かく迎えてくださったのを今でも覚えています。

非常勤として働きだして数か月程して佐藤施設長に急に「西さん、確か介護の経験がありましたよね？　介護福祉士を受けられるんじゃない？」と声を掛けてくださいました。その当時、ケアハウスが新設し、かなりの人数の面接をされていたと思いますが、入社してすぐのパートの私の名前を覚えてくださっていたことにも驚きでしたが、自分でも資格試験を受けられることに気づいていなかったのに、気にかけてくださったことがうれしく、その年の試験を受け無事介護福祉士を取得できました。またその2年後には副本部長と一緒にケアマネージャーの試験を受けさせていただき、私は一度落ちてしまいましたが、翌年無事に取得することができました。

何をやっても続かなかった私が、デイサービスの管理者にまでさせていただけているのは、何回も何十回も辞めようと思った私をずっと励ましてくださった諸先輩・上司の方がいてくださったおかげです。そして入社してすぐに施設長に自信がないことを伝えたとき、「真面目になりすぎないこと」と私の肩の荷を下ろしてくださり、見守ってくださったおかげだと感謝しています。

そう思いながらも、経営やケアについてのご指導は、経験不足の私には受け止められず、「なんでやねん!!」という思いになったことは何度もあります。ですが、いつも私の体調を気にかけ、声をかけてくださる佐藤副本部長、毎年欠かさず全職員にハンカチをプレゼントしてくださる佐藤施設長のお心遣いにこの場をお借りしてお礼申し上げます。

このコロナ禍で休日出勤した際に差し入れてくださったいちごは本当にうれしくておい

自家製スイカ

しくてありがたかったです。
お身体に気をつけてこれからもおいしい「自家製」のスイカを毎年いただきたいです。
いつも本当にありがとうございます。

# この仕事で20年

魚崎高齢者介護支援センター　通所介護主任
喜田由佳

私が新社会人として働き始めた平成12（２０００）年は、ちょうど介護保険がスタートし、施設がオープンした年でした。佐藤施設長とお仕事させていただき、20年以上になります。

社会のことも、介護のことも、何も分からないまま入社した私は、施設長から本当にたくさんのことを教わりました。それは福祉のことのみならず、施設長のお好きなお料理や園芸、お裁縫など多岐にわたります。お料理や園芸などは、それ自体は介護に関係ないようですが、変化や刺激の少ない施設での生活においては、美味しいものを食べ、季節の美しい花を見ることが、生活に潤いや楽しみを与えてくれるものでもあります。そのことが、若い頃にはあまり理解できずにいた私も、年を重ねる中で、だんだんと理解ができるようになりました。

まだ若く、未熟者でありながら一部署を任された私は、利用者様や職員のことなどの様々な問題にぶつかり、思い悩んでは、施設長に相談させていただくことが多々ありました。そんな時、施設長はいつも私の話にじっくり耳を傾け、一緒に解決策を考えてくださいました。一緒に考えて出た答えは、後になって間違っていたということもありますが、その時の私にとっては最善と思えるものでした。悩みや意見を聞いてもらえるということが、仕事をする上での安心感ややりがいにも繋がっていたのだと思います。

このような私を、時には厳しく、時には優しく、時には母のように育てていただいて、心から感謝しています。

屋上菜園

# 施設運営を学ぶ

特別養護老人ホーム
サンライフ魚崎
生活相談員
上原　優　也

「この稟議書は決済しません。この物品は今まで何個購入していて、今回必要になった理由を書いて下さい。口頭では受け付けません。書面に記入して下さい」この「口頭では受け付けません。書面に記入して下さい」の言葉が佐藤副本部長の口癖です。

私は今まで介護現場で必要な物品や、設備において、介護現場で働かない人には必要性が理解できないと思っていました。そのため、「受け付けません」と言われても「何も見てくれていない。説明してもわかってくれない」等の言葉がすぐに思いつきます。思いついた言葉を表現することはありませんが、その場しのぎで発する言葉は佐藤副本部長を説得する材料としては、不十分であることを痛感します。それはなぜか。介護現場を熟知していない人に対して、介護現場の考え方と習慣が染みついている私の説明では、客観的な視点が欠けているからです。客観的な視点とは、購入物品の必要性・既存の台数（同じものを購入する場合）、代替性の有無等です。

佐藤副本部長の理解を得て、物品を購入するには常に客観的視点で説明する必要があります。そのため、介護現場のイメージが伝わるようにプレゼンテーションを行うことを意識しています。また、口頭だけでなく、書面に記入し、記録として残すことも心掛けています。口頭だけでの説明では後日、言った言わないの展開になることがありますが、書面で説明すれば、必要な理由を客観的に文書に残し、後日振り返っても必要な理由が記入されているからです。書面を見るだけでイメージが共有でき、現状が把握できるためでもあります。

佐藤副本部長の指摘には常に一貫性があります。それはコスト削減が第一という考えです。一つの物を購入するのにもコストが掛かります。客観的評価が伴わない物を買う習慣があれば、コスト意識が低くなり、無駄が多くなります。無駄をなくすことが施設運営で最も大切であると同時に、コストは必要な部分に必要な分だけ掛けることが施設運営の基本であると話されます。コスト削減を徹底することによって、職員への昇給や福利厚生等を充実させています。

私自身、介護職員として介護現場で働いていた期間が長く、施設運営に掛かるコストを意識したことがありませんでした。施設運営を意識し、コストについて考えると介護現場では無駄なコストが多いことに気付かされました。使用しない部屋の電気を点けたままの状況、手袋またはペーパータオルを必要以上に使用している現状等、改善すべき部分が多く、今までコストを意識せずに働いていたことを実感しています。

コスト意識に対しての指摘には厳しく感じることもありますが、無駄をなくし、安定した施設運営を行うことの大切さも併せて教えてくれます。佐藤副本部長は「施設を利用する人も施設で働く人も幸せであることが大切です」と話されます。そのためには施設運営が健全で円滑でなければなりません。コスト削減から繋がる施設運営が、後々施設を利用する人、施設で働く人の幸せに繋がることを言葉で説明し続けています。その姿勢が私自身の模範となり、私も自部署の職員に対して、「口頭では受け付けません。書面に記入して下さい」と話しています。

# 婦唱夫随で

特別養護老人ホーム
サンライフ魚崎
看護主任
上垣小百合

「やらなくていいです」「私はやってもいいと思いますよ」「施設長はそうだから…ね、上垣さん」「事務長はいつもそうやって…ねぇ、上垣さん」。6年前の副本部長と施設長の会話。事務所の窓際の向かい合わせの席のお二人を目の前にして「……」。口角を一生懸命上げながら、ちょっと首をかしげて頷くしかできない入社したての私。何についての論議であったか、結果がどうであったかも定かではありませんが、このままどうなるかとハラハラドキドキした覚えが残っています。きっと、施設開設当初から、たくさんのスタッフが幾度となく目にした光景でしょう。

最近のある日、遅出業務で1階に降りたところ、給湯室から出てこられた副本部長が「上垣さん、もう6時過ぎましたよ。早く帰ってくださいよ。おつかれさま」。そのあと、学習室から出てこられた施設長、「あぁ上垣さん、今日は私一日中バタバタしてて、やっと今お話しできますね…」お話していると、正面玄関から「何やってるの施設長、もう帰りますよ。早く早く」。ニヤニヤにならないように笑顔で「おつかれさまでした」と挨拶する私。

今はコロナ禍で奔走している日々ですが、一丸となって立ち向かっていこうというお二人の強い絆は、私たちの邁進していく原動力となっています。

末永くお健やかに仲睦まじくあられることを願ってやみません。

# 施設を経営するということ

サンライフ魚崎
事務所　主任
吉川香代

私はサンライフ魚崎に勤めて15年になりますが、事務所で施設長・副本部長のお二人が朝から夜までお話される光景はずっと変わりません。

副本部長は、前職は一般企業に勤められていたということもあり、日頃から「介護の現場で一生懸命働いている職員も、一般企業と同じとはいかずとも、給料を少しでも近づけるようにしなければならない」とおっしゃっています。私たちが働いている福祉施設では、定員があり、介護報酬単価も決まっているため、大幅な収入増は見込めません。収入が増やせないなら支出を減らすのみです。そのため、副本部長は無駄な電気を消し回り、夏場の冷房は29度設定、使える物は修理して長く使用されるなど、職員からの批判の声もちらほらと聞こえてくることもあるほど徹底されています。これも現場で働く職員の賃金底上げのためだ…そう信じて、夏の暑さにも耐えています。

これだけ徹底するのだから、冷徹な人柄かというと、そうではありません。施設長や職員、時には外部の方にも感情的に思いを話される姿をよく見ますし、そうかと思えば、それらの方に耳を傾け目頭が熱くなっている姿を見ることも少なくありません。私自身、母が闘病し仕事を続けるか悩んだときも「吉川さんの幸せを一番に考えてください。その次にお母さん、その次に仕事のこと。まずは自分のことですよ」とおっしゃってくださいました。

施設長・副本部長のお二人を事務所という近い場所で見ていると、施設や職員のことを考えてくださっていることがよく分かります。その源は、朝から夜までの様々な報告や相談、時にはこれは夫婦喧嘩かなと思う15年の変わらない光景なのかなと思っています。

# 賞味して学ぶ

管理栄養士
田中由香

「多くのお店に行って、美味しい物を食べて下さい。色々な料理を食べて下さい。色々な所に行って、その土地の、その時期の物を食べに行って下さい」、入社1年目に施設長からかけられたお言葉です。あの頃の私は、一人暮らしで社会人1年目。生活がぎりぎりだったので、「施設長、お金がないので難しいです」と心の中でつぶやき、深い意味は考えませんでした。

現在、入社して14年目。その言葉の深い意味が少しずつですが、理解できるようになってきました。何気なく、普段、食べている野菜でも出荷元が異なれば味も違うため、購入時は考えるようになりました。旅行や外食をすれば、その土地の料理・特産物を食べるようになり、「これは○○使っているのかな」「こんな調理法もあるのか」「私、これ嫌いなのに、ここなら食べることができた」と思うようになりました。色んな野菜・ご当地物、料理に触れて、自分自身の食材に対する意識・調理の仕方・美味しい料理の提供への思いが変化したと思います。施設長のお言葉の通りだと感じました。ただ、感慨深いお言葉なのですが…さすがに一人暮らしで社会人1年目の職員にはなかなか難しいお言葉ですとお伝えしたいです（笑）。

本の出版にあたって、佐藤施設長・佐藤副本部長とのエピソードを尋ねられ、10年間を振り返ってみて、佐藤施設長とお話する際は料理に関わることが多く、近年、私の料理への関心が大きく変化したこともあり、すぐにエピソードが出てきました。しかし、佐藤副本部長とのエピソードはなかなか出てきませんでした（笑）。

厨房調理

副本部長とは日常的なやり取りが思い浮かびます。修理屋さんではないのに劣化している厨房機器の修理をして下さったこと。介護支援専門員の筆記試験に合格した際、誰よりも喜んで下さり、満面の笑みで握手して下さったこと。人との関わり方でフォローして下さったこと。厨房職員が誰もしなかった外窓やグリストラップの掃除等をして下さったこと。互助会のボーリング大会で一緒のチームになり、副本部長がかなりお上手だったのに、私が下手で足を引っ張ったこと。時には、意見の相違で言いあうこともしばしば（笑）。このような日常的なことが数多く思い浮かぶということは、副本部長という立場のある人と日常的にこのように関わることができる職場を創設した佐藤施設長・佐藤副本部長は〝偉大だな〟と、思いました。

# 編集後記

編者　野嶋　納美

塚口顧問のコーディネートにより、佐藤光子・恒夫夫妻の社会福祉法人の経営理念、理念の実践などをつぶさにお聞きし、改めて着実な日常の実践が重要なことを学ばさせていただいた気がいたします。

社会福祉法人の事業は非営利の事業であります。そのため、介護保険報酬や自治体からの事業委託、補助がなされるのです。これは、自治体の信頼が前提にあり、この信頼関係において社会福祉法人の事業が推進され、要介護高齢者やその家庭の生活を支援しているのです。社会福祉法人は、このように地方自治体との信頼関係を保持するとともに、何よりもサービス利用者本人、その家族から信頼されなければなりません。

社会福祉法人などの非営利の団体が進める活動や事業は関係するすべての方々との信頼関係の上に成り立っていることを、佐藤夫妻の実践は証明していると思いました。

私は、この間、体調不良などが重なり十分な貢献ができませんでしたが、丸山絵理子さんや塚口顧問の計らいにより立派な冊子にまとめることができたことを嬉しく思います。できるだけ多くの社会福祉法人経営者に読んでいただければ幸いです。

サンライフ魚崎
事務長　丸山　絵理子

地域の皆様、先生方、ボランティアの皆様の原稿を読み、サンライフ魚崎が地域の皆様に信頼されてきたのは、穏やかな施設長、活気溢れる副本部長の人柄なのだと感じます。施設長は、時には穏やかな雰囲気から一変、鬼となり納得するまで職員に詰め寄ったり、時にはお母さんになって職員の体や生活を心配したり、時には関西おばちゃん丸出しで大きな声でしゃべりながらジャージ姿で園芸に勤しんでいます。副本部長は、すぐかっとなって怒鳴り、その自分の行動に反省し落ち込み、職員のことを思って涙し、そして麦わら帽子をかぶって園芸に勤しんでいます。今この瞬間も大根の種を蒔く話をされていきます。このあときっとけんかが始まると思います。とにかく騒がしく、忙しく、20年間、走り続けてこられました。

施設長は20年間、特養・介護型ケアハウス・グループホームの入居者様の看取りの時、休みでも夜中でも必ず駆け付け、職員と一緒に最後の清拭をして、ご家族に寄り添われました。職員の体調や気持ちの変化にも敏感で、一人暮らしの職員の欠勤時には家まで食料を運ぶこともあり、悩みがある職員は1時間以上時間を割いてじっくり話を聞いてもらえます。「年とってるからもう覚えられないのよ」と言いながら、日々変化するケア方法や病気、法律をいつも勉強されています。そこは本当にすごいなと尊敬できるところです。逆に、納得できないことは納得するまで、言いたいことは言い終えるまで…なので、近くにいる私は、何回も同じ話を長時間聞くはめになることがよくあります。もう少し短めにお願いします。

副本部長は裏方に徹し、異業種からの転職にもかかわらず、社会福祉法人会計の独特な決算書類を毎日見て勉強され、経営を守ってこられました。上限が決まっている収入のなかで、厳しい予算をたてられることもありますが、10年後、20年後を見据えて、そのときに困らないように今できる限りのことをする！　というポリシーはずっと変わっていません。

「お世話するのではなくさせていただいているのですよ。最期の時を任されているのですよ。入居者様はみんな同じではないですよ。お一人おひとりの人生を知ってください。その人を知ればいろんな変化に気づきますよ。気づきが大切ですよ。季節を感じてもらえるしつらえ、料理を考えてください。一人では働けないですよ。一緒に働く人を思い合いなさい…」これまで施設長に言われてきた言葉です。

20年間お二人を見てきて、自分たちで考えて、行動して、新しいことを取り入れて、長年の目標である「利用者様も、職員も共に幸せである施設」をみんなで作っていきたいと思っています。

《鼎談者プロフィール》

佐藤　光子（さとう みつこ）

昭和45年3月　ノートルダム大学文学部卒業
昭和45年4月　神戸海星女子学院　教諭
昭和55年4月　結婚後専業主婦として、ＰＴＡ役員、自治会活動、地域子ども文庫活動などに参加
平成10年1月　サンライフ魚崎開所にあたり、福祉の勉強、実習を始める
平成12年4月　サンライフ魚崎施設長就任・介護支援専門員
小規模特養・ショートステイ・デイサービス・地域密着型グループホーム・地域包括支援センター・居宅介護支援事業所・介護型ケアハウスを地域に根差した高齢者介護の拠点として運営している

**佐藤　恒夫**（さとう つねお）

昭和21年11月　岡山県生まれ
昭和46年3月　名古屋工業大学大学院電気工学専攻修了
昭和46年4月　松下電器産業株式会社入社
　主としてモータ研究開発に従事
平成14年1月　社会福祉法人ささゆり会入職
　入職後、社会福祉主事・介護支援専門員資格取得

**塚口伍喜夫**（つかぐち いきお）

昭和12年10月　兵庫県生まれ
昭和33年3月　中部社会事業短期大学卒
昭和33年4月　日本福祉大学編入学
昭和33年8月　同上中途退学
昭和33年9月　兵庫県社会福祉協議会入職
　その後、社会福祉部長、総務部長、事務局長、兵庫県社会福祉協議会理事、兵庫県共同募金会副会長を歴任
平成11年4月　九州保健福祉大学助教授・教授・同大学院教授
平成17年4月　流通科学大学教授・社会福祉学科長

平成25年10月　ＮＰＯ法人福祉サービス経営調査会理事長、その後顧問
平成26年10月　社会福祉法人ささゆり会理事長、現在に至る

《編集者》
**野嶋　納美**（のじま なつみ）
昭和13年6月　鳥取県生まれ
昭和36年3月　国立埼玉大学経済短期大学部卒業
昭和39年4月　兵庫県職員
　　　　　　民生部北但福祉事務所長、障害福祉課長
　　　　　　兵庫県社会福祉事業団常務理事等を歴任
平成11年4月　日本赤十字社兵庫県支部血液センター事務部長
平成15年4月　社会福祉法人のじぎく福祉会事務局長
平成25年10月　ＮＰＯ法人福祉サービス経営調査会事務局長・常務理事、副理事長
平成28年6月　社会福祉法人ささゆり会評議員、現在に至る

**丸山絵理子**（まるやま えりこ）
平成12年4月　社会福祉法人ささゆり会　サンライフ魚崎入社

平成16年4月　サンライフ魚崎事務所主任
社会福祉主事取得
平成29年4月　サンライフ魚崎副施設長
令和元年11月　サンライフ魚崎事務長

社会福祉を牽引する人物⑤
佐藤光子・佐藤恒夫夫妻
― 平凡に見える経営…そこに堅実な経営手腕が光る ―

2021 年 4 月 20 日　初版第 1 刷発行

■編 集 者——野嶋納美・丸山絵理子
■発 行 者——佐 藤　守
■発 行 所——株式会社 大学教育出版
〒 700-0953　岡山市南区西市 855-4
電話（086）244-1268　FAX（086）246-0294
■印刷製本——モリモト印刷 ㈱



ISBN978 - 4 - 86692 - 124 - 2